Chère Megan,
Je t'ai acheté ce livre à Pa
J'espère que tu le trouves
intéressant.
J'attends avec impatience
le jour où on rencontrera-
Amitiés-
Susan
le 23 octobre
1993

La lettre brûlée

Collection Les Uns Les Autres
dirigée par Germaine Finifter

Dans la même collection :

- *Sarah et l'Ecumeur de rivages* (Alain Adaken)
- *La fille des sables* (Jane Hervé et Herma Kervran)
- *L'herbe de guerre* (Xavière Gauthier)
- *CES, ouvre-toi !* (Gérard Hubert-Richou)
- *Où sont passés les profs ?* (Michel Peyroux)

Rolande Causse

La lettre brûlée

SYROS
ALTERNATIVES

Maquette de la collection : Gérard Lo Monaco
Illustration de la couverture : Jean Claverie

L'auteur :

Rolande Causse, écrivain, librettiste, aime dire les émotions, décrire les temps de sensibilité entre les êtres et sculpter les mots afin qu'ils se métamorphosent en prose limpide, en images poétiques.
Spécialiste de littérature pour les jeunes, Rolande Causse crée pour eux, dès 1975, des ateliers de lecture-écriture ; elle transmet la littérature et l'écriture à des enseignants, des pédagogues, afin qu'à leur tour ils donnent aux enfants le goût de lire et le plaisir d'écrire. Rolande Causse a créé *Deleatur*, groupe de recherche, afin de transmettre la création littéraire (pour jeunes et moins jeunes), l'écriture et le chemin du livre (graphisme, mise en page...).

Du même auteur :

- *Premier livre de poésie* (Gautier-Languereau, 1969)
- *Mère absente, fille tourmente* (Gallimard, 1983)
- *Rouge braise* (Gallimard, Folio junior, 1985)
- *Les enfants d'Izieu* (Le Seuil, 1989)
- *Les enfants d'Izieu/cassette* (Didaké, 1990)
- *La scribure* (Buchet-Chastel, 1982)
- *Le guide des meilleurs livres* (Calmann-Lévy, 1985)
- *L'enfant lecteur* (Autrement, 1988)

6, rue Montmartre 75001 Paris
ISBN : 286138 740. X

A Jonathan Causse

Saïda déteste le mercredi. Ce jour-là, elle doit garder ses trois petits frères ainsi que ses deux petites sœurs. Sa mère va en consultation à l'hôpital. A peine a-t-elle disparu que Saïda mène toute sa tribu sur la place.

Parmi ces brailleurs, bagarreurs et pleurnicheurs, seule Jemila, qui n'a pas encore un an, l'attendrit. Elle l'installe à califourchon sur sa hanche et sautille en chantonnant afin de la faire rire. Tahar et Mohamed s'éloignent pour une partie de ballon. Leïla et Farid, les petits, ramassent des cailloux. Ils veulent construire une bergerie, tout comme les cabanons pointus que l'on rencontre dans les champs, autour de Forcalquier. Jemila s'endort. Saïda lui confectionne un matelas de feuilles sur lequel elle la pose délicatement. Puis, un court instant, elle aide Leïla et Farid dans leur jeu.

Saïda observe sa sœur et rêve au temps de ses six ans. Elle était alors enfant unique. Monsieur Colombier, leur voisin, lui apprenait à lire, à écrire, à compter. Elle s'asseyait sur un haut tabouret, il lui apportait un cahier rouge dans lequel elle écrivait des lettres, puis son prénom. Le S de Saïda se tortillait comme un Serpent...

Monsieur Colombier avait une méthode personnelle. Il lui demandait d'énumérer tous les objets qu'elle connaissait ; il les dessinait et inscrivait sous chacun un nom ; à son tour elle le recopiait.

Tout l'été, ils jouaient au marchand de mots. Monsieur Colombier proposait : âne, arbre, agneau, brebis, bateau, mouton, maison, lierre, pierre, oiseau, pierrot...

Saïda achetait le mot qu'elle aimait ; mais pour devenir cliente elle devait savoir le lire.

Parfois elle se trompait. Monsieur Colombier la reprenait, écrivait chaque syllabe, l'entourait d'un rectangle et découpait le vocable entier qui ressemblait à un petit train. Il le répétait et le lui offrait. Elle possédait une immense collection qu'elle enfermait dans une boîte.

Tous deux comptaient, aidés de cailloux ou de capsules. Ainsi elle découvrait les chiffres et réussissait bientôt de petites additions. Souvent, il fredonnait des chansons anciennes, entraînantes, et le soir, pour l'endormir, il la berçait d'airs très doux.

Au mois de septembre, elle débuta à l'école primaire et apprit très vite à lire. C'est alors que lui vint la passion des messages. Sa mère avait perdu un bébé. De nouveau enceinte, elle devait passer de longs séjours à l'hôpital. Monsieur Colombier gardait très souvent Saïda. Un jour, elle lui demanda comment écrire à sa mère qui ne savait lire ni le français ni l'arabe.

Alors, il lui créa un modèle et elle recopia une centaine de fois les mots « *je t'envoie des baisers* » ou « *je pense à toi* » qu'elle entoura de frises dessinées de toutes les couleurs.

Son père transmettait les messages. Elle aimait ces temps d'absence car monsieur Colombier la dorlotait. Il lui racontait son école dans un village des environs ; durant trente années, il avait été l'instituteur d'une classe unique mais aussi le directeur.

C'était lorsqu'elle était bébé qu'il avait pris sa retraite et était venu habiter une maison proche. Elle se rappelle la délicieuse soupe aux légumes qu'il lui préparait, les contes qu'il lui lisait et tout ce qu'il appelait son savant apprentissage.

A quatre heures les garçons accourent, réclamant leur goûter ; Saïda partage pain et chocolat.

Un moment plus tard, elle aperçoit la grande djellaba brodée qui trottine vers la place. Le fin visage de sa mère semble toujours fatigué. Elle approche, prend Leïla dans ses bras et sourit.

– Tu ne dois pas la porter. Qu'a dit le médecin ?

– Ça va, ça va...

– Je peux aller chez Julie ?

– Va, ma fille. L'école, les devoirs, c'est bon pour toi...

Saïda grimpe rapidement la rue de la Fontaine-à-l'Ane. Elle a très envie de bavarder avec son amie. Elle sonne et pousse la lourde porte de bois sculpté. Traversant le hall, le père de Julie apparaît un pinceau à la main. Il s'appelle Georges, est grand et fort, porte toujours une chemise tachée de peinture et semble indifférent à sa tenue. Le père de Saïda se nomme Zoubir, il est petit, musclé, moustachu ; c'est impeccablement vêtu que, chaque matin, il quitte la maison.

Saïda aime s'asseoir, suivre les gestes de Georges lorsqu'il peint, voir le tableau naître et se transformer. Les odeurs bizarres de l'atelier, grasses et piquantes, lui sont devenues familières.

– Julie est à Manosque avec sa mère. Tu peux l'attendre sur la terrasse.

– Oui, si cela ne vous dérange pas.

Sans l'inviter, il retourne vers son lieu de travail. « Aujourd'hui, il est sans doute de mauvaise humeur ! » pense Saïda.

Elle monte le large escalier de pierre ; sa main court sur la rampe en fer forgé. Au premier étage, Saïda longe la cuisine-salle à manger et le salon-bibliothèque. Elle poursuit vers le second, passe devant les chambres et le bureau de Joanna, la mère de Julie ; celle-ci est traductrice et travaille entourée de gros dictionnaires. Au troisième étage, Saïda débouche sur un palier décoré d'un immense tableau qui l'intrigue. Des têtes grisâtres errent dans la brume... Elle ouvre la petite porte et avance sur la terrasse blanche qui mène vers la chambre de Julie.

« C'est la plus belle pièce de la maison » précise souvent son amie.

« Quelle chanceuse cette fille ! Non seulement elle est enfant unique mais ses parents s'occupent d'elle sans arrêt. Et Julie habite une des plus anciennes, des plus belles demeures, au sommet de la vieille ville. Nous vivons à huit dans quatre pièces ! »

A travers la baie de la chambre et par les fenêtres de la grande salle de bains, on voit toute la campagne environnante, mais encore les Alpes de Provence aux sommets arrondis, le massif bosselé du Lubéron et la boule argentée de l'observatoire de Saint-Michel.

« Là-bas, très loin, c'est le Maroc, mon pays, celui que je ne connais pas. Ma mère raconte les casbahs, châteaux de terre ocre... Le soir, le soleil les illumine... De l'oasis, le regard se perd au-delà des dunes, à l'infini... L'oasis est recouverte d'un toit de palmes vertes. Au centre l'eau jaillit, rafraîchissante. Pour quitter ce lieu, il faut prendre un chemin de sable à travers le désert. Mon père est venu de la montagne... »

Sur le bureau, Saïda prend papier, crayon, stylo, et sort sur la terrasse. La lumière l'éblouit. Elle s'installe à l'ombre, sous l'auvent, dans les coussins rouges. Quel excellent moment ! Elle a envie d'écrire. Le soleil chauffe agréablement ; le vent souffle comme une caresse, toits de tuiles rondes et bleu du ciel la ravissent...

De leur cachette, des mots s'échappent. Ils approchent. Ils tourbillonnent, tempêtent et leurs yeux perçants brillent. Ils gazouillent, chantonnent, ronronnent. Ils piaffent, tambourinent. Ils l'assaillent. Alors Saïda écrit :

Prince,

Je t'ai vu dans un film. Sur un cheval fougueux, tu galopais... Tu parcourais l'Atlas enneigé, enveloppé dans un burnous de laine...

Tu allais, guidé par ton savoir. Sur la route tu aidais les pauvres gens, par les chemins caillouteux jamais tu ne te perdais....

Tu connaissais le secret de chacun. Les enfants te suivaient, ils t'accompagnaient loin des villages...

A la porte du désert, tu troquais ton cheval pour un chameau.

Tu avançais au rythme lent de la bête. Dans le silence impressionnant, le sable crissait sous les pas... A l'oasis animée, tu apportais la bonne parole...

Prince, change de direction, traverse la mer... Prince inconnu, marche de ce côté de la montagne...

Prince secret, perds-toi sur les sentiers de Provence, dans les champs violets qui sentent bon le lavandin...

N'oublie pas une écharpe et un bonnet, prince solitaire, les nuits dans les Alpes sont aussi froides que sur les sommets de l'Atlas...

Prince aux yeux d'enfant, au sourire de mon pays, viens me rendre visite...

J'apprends quelques mots d'arabe. Mais j'oubliais, tu connais toutes les langues...

Prince, je te mènerai vers le plateau de Tirane et, à travers les clairières fleuries, nous irons jusqu'aux grottes du Miroir... Je te ferai visiter la forêt de pierres. J'aime me perdre parmi ces statues pétrifiées...

Prince de mon pays, je t'attends, je t'attends...

S.

Saïda relit et soupire.

« Je suis prise à mon propre piège car je ne peux envoyer cette lettre.

Prince sans village, sans maison, sans famille, qui es-tu ? Impossible de te retrouver ? Tu m'apparais comme une image vagabonde, une pensée floue, insaisissable... Ne serais-tu qu'une illusion ? Pourtant, sur l'écran, tu vas, tu vis, tu parles, tu te déplaces. Je te vois ; je te connais ; j'ai l'impression de t'avoir rencontré. Ton visage aux traits fins ressemble à celui de ma mère. Je t'invente si aisément et ne peux t'oublier. Tu es mon double, mon reflet heureux, le songe de mes soirs. Tu m'appartiens. Je te cache. Je n'ai jamais parlé de toi à personne, pas même à Julie. Parfois j'ai honte. Je me sens seule avec mes rêveries. Idiote et vide, sotte et triste. Comme en ce moment.

Lettre relue, lettre fichue ! »

Saïda déchire la feuille. Dans la corbeille, elle verse les menus papiers. Puis, allongée sur les coussins, elle pense au collège... De nouvelles phrases chavirent dans sa tête. Elle commence :

Monsieur Henrik,

Pourquoi êtes-vous injuste avec moi ?

Je déteste lorsque vous me traitez de « bonne à rien ». Personne d'autre que vous ne dit que je suis bonne à rien. Avec ma mère, avec mon père, avec Jemila, avec Julie, j'essaie d'être bonne. Je suis parfois méchante avec les petits qui m'agacent. Bonne ou méchante, cela n'a rien à voir avec les mathématiques !

Je fais des efforts, j'essaie de comprendre, j'apprends mes leçons.

Pourquoi me dire que je complique tout à plaisir ? Je n'ai aucun plaisir à entendre de telles phrases. Parfois vos reproches me font pleurer.

Hier, vous avez affirmé que j'avais l'esprit de traverse. Je vous ai demandé ce que cela voulait dire et j'ai aimé votre définition :

« Tu te perds en empruntant le chemin le plus compliqué. »

C'est vrai, lorsque je vais porter la gamelle à mon père qui travaille dans les champs, je joue à m'égarer. Je parcours les bois ou monte le long des rochers au lieu de suivre la route. Lorsque mon père bine les fleurs au bord du torrent, je saute de pierre en pierre ou pénètre dans le bosquet de cerisiers sauvages.

Enseignez-moi la bonne piste, le chemin exact.

Je raffole des mots parce que avec eux je peux rêver.

C'est vrai, dans mes devoirs de maths, je dévie, je tourne et contourne ou je cours et saute vers une solution qui me plaît, sans réfléchir.

Je suis convaincue que ce n'est pas ainsi qu'il faut pratiquer mais une petite voix me souffle : « Tu as peut-être une chance... »

Jamais je ne trouve le bon résultat.

Monsieur Henrik, donnez-moi des conseils, je les suivrai.

Chaque mauvaise note m'attriste. Je ne veux pas redoubler ma 5e. J'aimerais être médecin et pour cela je dois avoir de bonnes notes en maths.

Monsieur Henrik, venez à mon secours. Je vous promets de travailler des heures entières et de chercher la direction la plus logique.

Monsieur Henrik, je vous remercie de m'aider.

Saïda

Saïda froisse la feuille : « Cette lettre est absurde et, de toute façon, je n'aurai pas le courage de la donner à Henrik ! Pourquoi Julie ne rentre-t-elle pas ? Seule, je m'ennuie. Elle a toujours des projets. Sa dernière trouvaille est d'apprendre à jouer aux échecs. Mais j'ai refusé, le travail, à la maison et au collège, m'occupe trop. Chez Julie, il y a de nombreuses visites ; des peintres viennent voir son père ; sa mère reçoit des écrivains étrangers ; nous les espionnons, nous nous moquons, nous rions...

Qu'est-ce que je peux faire en l'attendant ? A qui pourrais-je encore écrire ?

Soudain j'ai une idée stupéfiante !

Je me lance : »

Chère Morte,

Avec mon amie nous avons choisi ta tombe. Nous t'avons élue à cause de ton nom qui chante :

Eugénie Cibourel

1909 - 1980

Sais-tu que tu fréquentes un des plus beaux cimetières de France ?

Presque aussi grandiose que celui de Naples, en Italie, affirme le père de Julie.

Te rappelles-tu les allées de cyprès et le labyrinthe de buis ?

Tu demeures à l'extrême droite, là où les chemins se rassemblent. Une haie taillée protège ta modeste tombe. Sur la photo posée près d'un ange, tu as les joues rondes, le regard doux et un chignon.

Tu devais habiter la vieille ville. Vivais-tu dans la maison abandonnée, couverte de ronces ? Un mûrier a percé le toit. Etais-tu cette femme qui protégeait tous les chats ?

Georges nous a raconté que, gamin, il allait chasser les matous. Il est peintre. Toute la journée, sur d'immenses draps, il jette des traînées de vert, des spirales de bleu, des coulées de noir, des éclairs de jaune. Il trace des tourbillons, il peint des ombres. Il invente des fantômes à peine visibles, parfois un visage solitaire. J'aime l'observer lorsqu'il crée des tornades, des chutes d'eau comme les jours de gros orages, à Forcalquier.

La pluie envahit les rues et se précipite du sommet de la ville jusqu'à la place de l'Eglise, puis dans la plaine. Chaque ruelle devient un torrent.

As-tu connu ces tempêtes ?

Eugénie, j'aimerais t'avoir rencontrée. Eugénie est un si beau prénom.

Je te salue.

Saïda

Décision prise. Saïda va chercher une enveloppe et inscrit :

Eugénie Cibourel
Cimetière de Forcalquier
04300 Forcalquier

Elle n'attend plus Julie, quitte la maison et se dirige vers le cimetière.

« Je sais que je fais une bêtise.

Je sais que je ne devrais pas porter cette lettre.

Je sais que je devrais la déchirer.

Je sais que c'est absurde. Pourquoi écrire à Eugénie Cibourel ? Quels besoins peut avoir une morte ? Des paroles, des fleurs, une larme... »

Saïda longe les tennis vides, poussée par un

« je le ferai quand même... Julie sera fière de moi... Elle regrettera de ne pas avoir eu cette idée... »

Elle passe le portique de pierre. Marche dans le cimetière que Georges a tellement vanté. Saïda en apprécie la tranquillité. Elle avance entre les haies de troènes. Le vent siffle dans les cyprès qui enserrent l'enclos ; les oiseaux pépient obstinément.

La vieille Eulalie se redresse, un arrosoir à la main. Au loin, un employé jardine. Saïda atteint la tombe d'Eugénie, glisse l'enveloppe sous la photo et se sauve.

Le soir, à la maison, elle aide sa mère. Elle épluche carottes, courgettes et aubergines que son père a rapportées de la ferme où il travaille, puis nettoie un chou. Sa mère le fait revenir, feuille après feuille ; Saïda aime l'odeur qui se répand dans toute la cuisine.

Elle baigne Jemila, lui donne son repas, la couche et, pour l'endormir, lui raconte l'histoire de la princesse Grenouille. Juste avant le dîner, elle prépare les melons que sa mère a achetés, moins chers, à la fin du marché.

Un de ses frères ne veut pas manger. Furieux, leur père martèle :

– Tu ne seras jamais grand, jamais fort, jamais intelligent.

Mohamed pleure. Saïda coupe de petits cubes de melon et chantonne :

« Mange pour l'étoile du soir...
Déguste pour le renard roux dans la ravine...
Croque pour le chat aux yeux caramel...
Avale pour parcourir le monde sur un tapis volant ... »

– Pierre m'a dit que ton tapis n'existe pas ... J'en veux plus...

Pour lui faire avaler les autres légumes, elle doit reprendre le jeu.

Sa mère couche les petits. Dans leur pièce commune, Saïda leur lit un conte. Leïla est la plus attentive. Puis elle les embrasse et se réfugie dans son étroite chambre qu'elle surnomme le placard.

Avant de s'endormir, elle imagine la phrase qui va étonner Julie.

« Eugénie Cibourel, tu te souviens de ce nom ? »

Ou :

« J'ai écrit à Eugénie Cibourel et j'ai déposé la lettre sur sa tombe ! »

Encore mieux :

« Aurais-tu été capable d'écrire à une morte, de mettre la lettre dans une enveloppe et de la glisser sous sa photo ?

Vivement demain ! »

Le matin suivant, Saïda court chercher Julie. En allant vers le collège, elle lui raconte ce qu'elle a fait la veille. Des deux premières lettres, elle ne dit rien. Elle parle seulement de celle glissée dans l'enveloppe bleue et déposée sur la pierre grise. Julie s'enthousiasme.

– Tu as eu une idée formidable. C'est géant.

Comme Michel, Kateb et Jérôme les rejoignent, elles changent de conversation.

L'après-midi, les deux filles font ensemble un devoir d'anglais. Joanna, la mère de Julie, qui parle français, danois, anglais et allemand, les aide, leur expliquant les différences entre les langues. Saïda apprécie ces jeux de langage. Elle propose à Joanna de lui apprendre quelques mots d'arabe. Vers quatre heures, leur devoir terminé, Saïda suggère :

– Si nous allions faire un tour ?

– On pourrait peut-être aller au cimetière voir Eugénie ? Demain nous irons à la piscine avec Jérôme et Kateb.

– Je crois que j'ai eu une idée un peu bizarre, tu ne trouves pas ?

– Tu es folle ! C'est super au contraire. Tu ne vas pas reculer maintenant. Allez, viens...

Joyeuses, elles descendent les rues étroites de la vieille ville ; Julie, longue, filiforme et blonde comme les tournesols ; Saïda, petite, potelée, à la peau sombre, aux cheveux noirs et bouclés.

Elles portent presque les mêmes bermudas et leurs tee-shirts se ressemblent. Joanna donne à Saïda les vêtements trop petits pour sa fille.

Connaissant déjà le chemin pour atteindre la tombe, elle guide son amie.

Stupeur ! La lettre a disparu ! Sous la photo, plus aucune trace de l'enveloppe !

Une pierre grise et grenue. Un médaillon désargenté. Eugénie les regarde en souriant.

– Tu es certaine de l'avoir mise là ?

– Hier soir, comme je te vois ! J'ai soulevé le cadre et coincé l'enveloppe dessous.

– Un coup de vent l'aura emportée.

Saïda et Julie cherchent tout autour de la tombe, examinent les environs et ne trouvent aucun signe.

– Je suis sûre de l'avoir posée ici. Une enveloppe bleue que j'ai prise sur ton bureau, dans la pile. Dessus, j'ai même écrit :

A Eugénie Cibourel
Cimetière de Forcalquier
04300 Forcalquier

Elles quittent le cimetière, longent les terrains de tennis, et Julie, tout excitée, décrète :

– Courons faire une autre lettre.

– Je n'ai plus d'idées.

– Ça va venir. On ne peut pas abandonner ainsi !

– Pourquoi ?

– On ne risque rien.

– Justement, j'ai plus envie.

– Laisse-moi faire.

– On n'aura pas d'ennuis ?

– Aucun. Je dicte et tu écris.

– Bon ! Puisque tu y tiens !

Chère Eugénie Cibourel,

Nous aimons votre beau prénom et aurions voulu vous connaître.

Julie et moi nous nous promenons souvent dans le cimetière.

A notre prochaine visite nous vous apporterons des fleurs. Aimez-vous les dahlias, les soucis ou les roses ?

Bientôt nous jardinerons autour de votre tombe comme Eulalie que l'on voit souvent près de son tombeau.

Autrefois, les Grecs offraient de la nourriture aux morts.

Peut-être pourrions-nous vous apporter quelques gâteaux ?

Chère Eugénie Cibourel nous pensons à vous.

Mon amie et moi vous embrassons.

Saïda

Feuille de papier pliée, glissée dans une enveloppe bleue. Julie griffonne :

A Eugénie Cibourel

Elles se précipitent vers le cimetière mais le portail est fermé.

– Donne Sad. Demain je partirai plus tôt et porterai la lettre.

Sur la petite place, devant le vieil immeuble où habite Saïda, elles se quittent.

A la maison, Saïda s'occupe machinalement du dîner, gronde Mohamed, s'énerve contre Jemila et refuse de lire une histoire aux petits. Elle se couche de mauvaise humeur, se demandant pourquoi la lettre a disparu et s'il était nécessaire d'en écrire une seconde.

Elle ne réussit pas à s'endormir, se lève et rejoint sa mère.

Cousant, assise devant la fenêtre, elle lui apparaît menue, fragile, jolie.

– Veux-tu que je t'aide ?

– Non. Je finis vite. Vois, j'ai recousu ta culotte.

– Maman, on dit un bermuda.

– Un ber-mu-da. Une culotte, ma fille. Bermu-da, quel drôle de nom ! Pourquoi tu ne dors pas, Saïda ? Ce n'est pas bon.

– Je n'arrive pas à m'endormir.

Dans le silence du soir, toutes deux écoutent l'inlassable murmure de la fontaine.

– Quand je suis venue, j'allais boire à la fontaine, tous les jours, comme à l'oasis.

– Raconte, maman.

– Ouvre tes oreilles, ma fille. Quand je suis venue, je parlais aux arbres. Les oiseaux chantaient, ils me répondaient. C'est ton père qui m'a dit les lois d'ici.

– Dans ton pays, comment c'était ?

– Là-bas, j'avais deux chèvres. Dans l'oued, je les gardais. Il y avait des figues de Barbarie, chaudes, toutes chaudes. A l'ombre des cactus, avec mes sœurs, nous mangions les dattes épaisses et sucrées. C'était bon, ma fille.

– Tu m'emmèneras au Maroc, maman ?

– Un jour... J'ai fini, il faut aller dormir, Saïda.

– Bonsoir maman. Nous irons au Maroc toutes les deux. C'est promis ?

– Oui, dors bien petite.

En route vers le collège, Julie murmure à Saïda :

– Mission accomplie. Enveloppe bleue sous photo.

– Qu'est-ce que vous racontez ? questionne Jérôme.

– C'est un code. Cela ne te regarde pas.

Il hausse les épaules. En classe, Saïda ne réussit pas à suivre le cours de Henrik. Durant l'heure de gymnastique, elle réfléchit et exécute les mouvements avec retard.

A la sortie, Julie et Saïda se dirigent directement vers le cimetière. Cartable sur le dos, sac sur l'épaule, elles zigzaguent entre les allées. Le soleil caresse les arbres et sur les tombes miroitent des petits points comme des diamants.

De loin, elles aperçoivent la photo d'Eugénie. L'enveloppe bleue a disparu. Une enveloppe blanche la remplace.

– Julie, regarde !

– Tu vois, tu n'y croyais pas !

– Mais qui a pris nos lettres ?

Julie avance, soulève le portrait, saisit l'enveloppe, l'ouvre et lit :

Chère Saïda,

Je te remercie de ta lettre.

Je suis heureuse que toi et ton amie vous vous intéressiez à mon sort car ici la vie est sans joie.

Ce lieu est verdoyant, mais le temps passe lentement, il n'y a que silence et ennui.

Je ne connais pas mes voisins et la solitude me pèse.

Je n'ai habité que deux ou trois années à Forcalquier, une maisonnette près du réservoir.

Je n'ai pas aimé cette ville car j'étais très vieille et très malade. Je préférais Marseille, ma cité natale où j'ai passé mon existence. Les quais, les bateaux, l'étendue de la mer jusqu'à l'horizon : voilà mes paysages. Rien de commun avec ce piton poussiéreux !

Ecris-moi encore, chère Saïda.

Eugénie Cibourel

Saïda reste silencieuse tandis que Julie sautille, volubile.

– Fantastique, tu te rends compte, elle nous a répondu !

– Julie, je n'aime pas la tournure que ça prend. Ça ne peut pas être Eugénie qui a écrit cette lettre puisqu'elle est morte !

– Qu'importe, on va en faire une autre !

– Non.

– Ecoute, ne fais pas tant d'histoires !

Julie lui tapote l'épaule et glisse son bras sous le sien.

– Moi, je suis contente, je trouve ça drôle.

– Pas moi.

– Allons, fais une autre tête.

– Tais-toi.

Tout le long du chemin, Saïda réfléchit. « Je voudrais savoir qui lit nos lettres ? Est-ce une morte ? Est-ce une vivante ? Je voudrais découvrir qui nous répond ? »

Dans la chambre, Julie insiste :

– Sad, on écrit immédiatement.

– Qui a pu poser cette enveloppe, Julie ?

– Je ne sais pas. Mais c'est passionnant.

– Ce n'est pas passionnant, c'est inquiétant !

– Ne t'énerve pas, je vais en parler à papa.

– S'il te plaît ne dis rien à personne. Je crois que je ne veux pas répondre.

– Je le fais à ta place.

– C'est toi qui écris ?

– Mais je signe Saïda !

– Tu me fatigues !

– Juste une fois ?

– Juste une fois !

– OK. Écoute ce que je raconte :

Chère Eugénie Cibourel

Quel plaisir de recevoir votre lettre.

Nous ne voulons pas que vous vous ennuyiez. Nous allons vous distraire.

Comme vous, nous pensons que Forcalquier est une très petite ville. Certes, Marseille est vaste et s'ouvre sur la Méditerranée. Mais, aujourd'hui, il y a des embouteillages, la circulation est compliquée, les autoponts sont laids.

La Canebière est un grand boulevard sale et sombre.

Racontez-nous Marseille de votre jeunesse...

– Que dire encore ? On lui parle du collège ?

– Non. Termine cette lettre immédiatement !

– Bien mademoiselle !

J'espère que nous recevrons bientôt de vos nouvelles.

Nous vous embrassons.

Saïda.

Julie cherche une enveloppe, Saïda crie :

– Je ne retourne pas au cimetière.

– Alors rentre chez toi, aujourd'hui c'est moi le facteur.

– Je me demande si je n'ai pas fait une bêtise !

– Non, Sad. Il y a un mystère que nous devons éclaircir !

Elles vont silencieuses, par les petites rues étroites, le long des maisons des XVIIe et XVIIIe siècles ; certaines habitations sont délabrées, d'autres joliment restaurées. Tout en marchant Saïda s'interroge :

« Derrière quelle fenêtre se cache notre correspondante ? »

Sur la place, elles se séparent. Julie s'éloigne en chantonnant...

Saïda ne parvient pas à mettre ses idées en ordre.

« Quelle manie ai-je d'écrire ? Quel besoin de rédiger des lettres ? J'ai été stupide de commencer cette correspondance ! Quand les pensées m'envahissent je ne peux plus les arrêter ! Ça gonfle, ça explose, ça déborde, ça chavire... Les mots divaguent devant moi... Ma plume se met à courir... Dans ma tête, deux voix se battent :

– Arrête immédiatement.

– Je ne peux pas. J'aime les histoires.

– Tu n'écris que des bêtises.

– Les phrases m'étouffent, il faut que je me libère.

– Tu dis des idioties.

– Toi aussi. D'abord, c'est plus fort que moi. Et, est-ce si mal d'avoir envie d'écrire ?

– Cela ne sert à rien.

– Exprimer ce que je ressens me fait du bien. Du bien, à moi, Saïda.

A moi qui, toute petite, écrivais avec tant de joie des messages destinés à ma mère ou à monsieur Colombier.

A moi qui suis contente même lorsque je commence une rédaction.

A moi qui voudrais être comme mon grand-père, écrivain public. Sur la place Djemaa el-Fna, à Marrakech, il dressait les lettres de mariage ou les contrats pour les paysans venus de l'Atlas. A la demande d'une vieille femme, il rédigeait quelques mots destinés à un fils perdu au-delà des mers. A un jeune père, il annonçait la naissance d'un fils. A des frères, partis depuis de longues années, il apprenait le décès de leur mère. C'est mon père qui, lorsque j'étais enfant, me racontait tout cela. Il disait encore que les écrivains publics, dans son pays, n'étaient jamais des filles. Mais qu'ici, aujourd'hui, tout changeait...

Lorsque j'écris, j'ai l'impression de me rapprocher de celui à qui je m'adresse. J'ai l'impression qu'il m'écoute, que rien ne peut nous séparer. Il est à mes côtés, bien disposé à mon égard, prêt à m'aimer.

Oui voix, tu as raison. Pourquoi me suis-je adressée à une morte ? Comme Julie, j'ai trouvé l'idée drôle et maintenant j'ai peur. Je crois que je suis folle.

Tu as raison, voix.

Je suis folle, folle à lier. Folle à enfermer. Folle à punir. »

Saïda ne réussit plus à étudier. Le soir, elle s'occupe de ses frères et de ses sœurs. Leur père rentre très fatigué. Cela se voit sur son visage ; sa peau est tannée, ses yeux sont cernés de gris, de longues et profondes rides tirent ses traits. Trop bruyants, les enfants l'énervent ; il crie après eux. Saïda essaie de les calmer, évitant ainsi de pénibles soirées.

Elle aime lorsqu'il dit :

– Mon aînée, tu t'occupes bien de la famille. Saïda, tu es ma bonne grande fille...

Elle apprécie le compliment. A la maison, elle seconde sa mère spontanément. Mais, à l'extérieur, elle n'aime pas lorsque les cinq petits traînent derrière elle.

Le dimanche après-midi, Julie vient la chercher. Sa mère gentiment la pousse à sortir avec son amie.

A peine sur le pas de la porte, Julie proclame :

– Même le dimanche il y a du courrier. Nous avons une seconde lettre d'Eugénie. Viens sur la place.

– Non, allons à la Citadelle, nous serons seules.

Au sommet de la colline, il y a une chapelle entourée d'un vaste rond-point d'herbe. A l'extrémité, une table d'orientation indique les directions de Madrid, Rome, Athènes, Istanbul, Saint-Pétersbourg, Berlin, Stockholm, Paris et Londres... Marrakech n'y figure pas.

Toutes deux s'assoient sur un muret et Julie commence la lecture :

Chères jeunes filles,

J'aime notre correspondance car elle me ravigote.

A vous deux je vais conter Marseille et ses rues bordées de platanes, ses maisons blanches, ses ruelles, ses escaliers qui plongent vers la mer, ses places d'ombre et ses fontaines où enfant j'allais chercher de l'eau.

Je vais dire les paquebots, les navires de commerce, l'ambiance animée des quais et le Vieux Port où se serraient barques et bateaux de pêche. Là, les étalages de poissons resplendissaient.

Il y avait encore des hôtels luxueux, des demeures ouvragées, des églises respectées.

Les rues qui descendent vers la mer, droites, étroites et brillantes comme des lames de couteau, étaient occupées par les marchands de quatre saisons : nattes d'ail, bottes d'oignons, olives et juteux raisins... Les gamins couraient, les ménagères emplissaient leur panier, les marchands appelaient les chalands de leurs cris chantants.

Le dimanche nous allions sur les hauteurs de la ville ; de là, nous admirions la mer frissonnante, le château d'If, les côtes qui se découpent harmonieusement, les entrepôts, la ville entière et ses habitations, les montagnes pierreuses qui la cernent.

Par les après-midi chaudes nous nous baignions dans les Calanques ; puis nous dînions dans un des petits restaurants de l'Estaque, lieu aimé des peintres.

Nous revenions pour notre promenade nocturne le long du Port ; les femmes élégantes bavardaient, les hommes jouaient aux cartes...

Ville maritime, ville de lumière, Marseille vivait au gré de ses bateaux...

A bientôt de vous lire encore.

Eugénie Cibourel.

Saïda est devenue tout pâle.

Julie glisse la lettre dans la poche de son pantalon. Elle lui tape sur l'épaule :

– A une telle histoire, il faut donner une suite...

– Je suis effrayée.

– De quoi as-tu peur ?

– Une morte ne peut pas écrire ?

– Bien sûr que non.

– Alors qui répond ?

– Nous allons chercher. Ce qui est sûr c'est que les fantômes n'existent pas. Ma mère me l'a affirmé.

– Je ne comprends pas qui peut poser ces lettres.

– C'est ce que nous voulons savoir !

– Julie, je dois rentrer.

– Tu viens ce soir ?

– Non, à demain.

Saïda s'éloigne. Julie hurle :

– A la maison, j'écris à Eugénie...

Chère Eugénie Cibourel,

Saïda ne veut plus vous écrire. Je ne comprends pas ses raisons.

Lorsque j'irai à Marseille, je regarderai la ville avec plus d'attention.

Mes parents ont promis de me faire visiter les quartiers intéressants. Saïda viendra avec nous et nous irons nous promener vers Le Panier, la Vieille Charité et les bords de mer.

Dites-nous votre époque. Dans quelle rue, dans quelle maison habitiez-vous ?

Aviez-vous des enfants ?

Quel métier faisiez-vous ?

Y avait-il encore des chevaux, des tramways, des bicyclettes ?

J'attends vos informations.

A bientôt. Je vous embrasse.

Julie, l'amie de Saïda.

Ayant terminé la lettre, Julie chantonne et monte voir sa mère. Joanna, entourée de feuilles de papier, de livres et de dictionnaires, relit et corrige un texte sur l'écran de son ordinateur.

A leur rencontre suivante, Julie et Saïda se disputent.

– Eugénie avait une vie super.

– Je ne veux plus que tu prononces ce nom.

– Tu ne comprends rien. Il y a là une énigme comme dans un roman policier, dirait maman.

– Julie, tu as promis que cela resterait secret. Un secret entre nous deux.

– Je n'en parlerai à personne. Juré. Mais nous devons trouver qui est Eugénie !

– Fiche-moi la paix.

– Tu as remarqué que l'écriture est toujours semblable, bleue, large, penchée et régulière ?

– Une bonne élève !

– Je veux comprendre, Sad.

– Quand je pense que c'est moi qui ai commencé...

– Et alors ?

– Julie, j'ai eu une idée galère.

– Non. Enfin, il se passe quelque chose à Forcalquier. Enfin il y a du suspens... J'ai un plan !

– Laisse-moi tranquille.

– Non, Sad, on doit continuer

– J'en ai assez ! Assez de toi ! Assez de cette histoire. Assez !

Sur ces mots, Saïda quitte précipitamment Julie.

Elle avoue à sa mère qu'elle ne veut plus voir son amie et s'enferme dans son placard.

Seule, elle fera sa rédaction. D'habitude, elle travaille chez Julie, dans sa chambre ou dans le bureau de Joanna qui, parfois, les aide. Aujourd'hui, elle a catégoriquement refusé.

Elle pense à monsieur Colombier lorsqu'il lui disait : « Les mots sont comme des objets. Choisis une feuille, un caillou... Observe la couleur rouille de cette vigne vierge. Ce petit galet blanc. Ce caillou noir, pointu, aux angles tranchants... Prends ce mot : *feuille,* je te le présente... *Feuille,* il contient toutes les feuilles.... Admire cette étoile rousse, cette main rougeoyante, ce soleil cuivré, ces différents rectangles blancs... Feuilles d'arbres, feuille de papier blanc, mince feuille de cigarette à rouler... Regarde, Saïda, jouons. Sous la feuille naturelle, une feuille pour écrire, au-dessus une petite feuille si fine... Un tableau de feuilles. Feuille de la haie, feuille de cahier, feuille qui part en fumée... Je t'ai donné le mot *feuille.* Maintenant, à toi, offre-moi des mots qui décrivent des objets... *Sifflet, siffle, le siffleur...* Bravo, tu as gagné : un sifflet pour la siffleuse...

Le langage est infini, infiniment beau... Don humain... Cadeau à ma douce Saïda. »

L'école a été comme un jeu. Chaque soir, elle racontait ses découvertes à monsieur Colombier ; elle lui montrait les pages du livre de lecture et il l'aidait encore.

A l'époque, son petit frère venait de naître, sa mère s'en occupait beaucoup et Saïda restait, le plus souvent possible, auprès son ami.

Elle était âgée de huit ans lorsque le vieil instituteur les quitta et partit chez son fils, à Bayonne.

Après son départ, elle avait décidé d'apprendre le français à sa mère. Elle l'obligeait à répéter des mots familiers. Sa mère avait une incroyable patience mais son accent était tenace. Elle ne comprenait pas les apostrophes. « La nimal, les nimaux, la venture » répétait-elle. Ou, lorsqu'elle cuisinait le ragoût de mouton, elle disait : « J'ajoute les pates-hates ».

– Non maman, patates s'écrit en un seul mot. Tu peux dire des pommes de terre...

– Des pommes de la terre, c'est joli, ajoutait-elle en riant.

Lorsqu'elle était arrivée, Zoubir lui avait enseigné les phrases les plus courantes. Mais si la conversation se compliquait, les parents parlaient l'arabe entre eux. Cependant, le père tenait à s'exprimer en français avec les enfants. Aujourd'hui sa femme a fait des progrès et il pense que Saïda a eu raison de l'aider.

« C'est bon pour les petits frères, dit-il. Nous sommes en France, il faut comprendre les autres. J'ai tellement souffert les premiers temps... »

Lorsqu'elle a eu dix ans, Saïda a voulu apprendre l'arabe et son père lui a enseigné quelques phrases.

L'année du CM2, l'année de l'arrivée de Julie à Forcalquier, elle abandonna son rôle de professeur. Comme elle, Julie, en ce temps-là, était timide et elles devinrent vite amies. Georges et Joanna invitaient Saïda à tous moments. La belle chambre du dernier étage et une partie de la maison étaient encore en travaux. Les deux filles faisaient leurs devoirs dans la cuisine, jouaient sur les marches de l'escalier et dormaient dans la bibliothèque. Le père de Julie leur permettait de visiter l'atelier, leur expliquait comment il peignait et leur montrait ses dessins, ses tableaux. Tout, dans cette famille, étonnait Saïda.

Mais, parfois, c'était elle qui apprenait certains verbes à Julie. Elle cherchait dans son dictionnaire et les trouvait immédiatement. Son vieux « dico », cadeau de monsieur Colombier, elle le connaissait par cœur.

Depuis l'école primaire, Saïda avait toujours eu de bonnes notes en français. En sixième, elle gardait la place de première durant plusieurs mois. Elle détestait lorsque le directeur du collège disait devant toute la classe : « Je complimente particulièrement Saïda dont le français n'est pas la langue maternelle. Prenez exemple sur elle ! »

Elle se sentait rougir. Avait envie de se cacher, de disparaître, de ne plus jamais croiser le regard des autres élèves.

En cinquième, il y eut un nouveau professeur. Les premiers mois, lorsque, pour sa rédaction, elle s'appliquait particulièrement, lorsqu'elle cherchait à s'exprimer avec les mots les plus exacts, les expressions les plus justes, elle n'obtenait qu'une note médiocre. Si son devoir était bâclé, stupidement organisé, elle était récompensée d'un 11 ou 12. Elle ne s'expliquait pas les raisons de ses échecs. « *Peut mieux faire* » inscrivait régulièrement ce professeur.

Au mois de février, mademoiselle Violette l'avait remplacé. Saïda s'était, à nouveau, sentie à l'aise, d'autant qu'elle obtenait d'excellentes notes. En maths elle peinait. Affreuses mathématiques auxquelles elle ne comprenait rien. Mais aujourd'hui, sa rédaction, elle la fera loin de son amie.

Seule, sans Julie, elle écrit...

Mardi soir, on frappe chez Saïda. C'est Julie.

– Demain, Joanna nous emmène à Marseille. Viens, Sad. Nous nous amuserons. Nous nous promènerons. Nous irons sur les traces d'Eu...

Saïda demeure muette. Julie enchaîne :

– Madame, êtes-vous d'accord pour que Saïda vienne avec maman et moi à Marseille ? Nous irons au musée.

– C'est loin Marseille, ma fille.

– Non, ma mère nous ramènera à l'heure du dîner. Nous ferons une enquête pour l'école.

– Bon, va ma Saïda. Je ne dirai rien à ton père, il n'aimerait pas.

– Merci madame.

Julie se tourne vers Saïda qui déclare :

– Je t'accompagne si tu ne m'ennuies plus avec qui tu sais.

– Quelle mouche t'a piquée ? Je t'expliquerai.

– Promets, sinon je reste ici.

– OK Sad.

– OK Jul.

Très tôt, le mercredi, Julie, sa mère et Saïda quittent Forcalquier en direction de Marignane où Joanna doit prendre l'avion pour Paris. Elle va y rencontrer l'auteur dont elle traduit le roman.

Tout en conduisant l'automobile, Joanna dresse une liste de recommandations. Elle semble plus inquiète que la mère de Saïda.

Les deux filles ne doivent parler à personne. Elles doivent suivre le plan sur lequel elle a tracé leur itinéraire et n'emprunter que les grands boulevards, où il y a de nombreux passants. Il leur est interdit de se promener dans les petites rues. Elles déjeuneront dans un restaurant du Vieux Port, suivront les indications pour trouver et visiter le Musée marseillais appelé encore la Maison Diamantée.

Elles feront attention à l'argent que Julie garde dans un porte-monnaie suspendu à son cou, caché par un grand tee-shirt. A 17 heures, elles doivent impérativement reprendre le car. Devant l'aéroport, la mère de Julie leur donne encore quelques conseils, les embrasse et se dirige vers l'avion. Toutes deux montent alors dans le car, comme de vraies touristes, fières de leur liberté.

Ciel bleu vif. La ville et ses hautes tours se rapprochent.

A la gare Saint-Charles, elles découvrent Marseille qui s'étend, immense et colorée, sous leur regard.

Elles dévalent les immenses escaliers. Courent le long du pentu boulevard d'Athènes. Les platanes leur rappellent Forcalquier. Puis, elles flânent sur la Canebière animée.

La sirène d'une voiture de police troue l'espace. Elles vont vers le Vieux Port. Des mendiants avec des béquilles tendent la main ; Julie donne quelques pièces à une femme âgée. Elles croisent des Maghrébines chargées de bébés et de paquets.

Soudain une forêt de mâts ; les bateaux se balancent doucement ; au-dessus, les mouettes tournoient. Le soleil inonde le paysage. Un homme crie le départ vers le château d'If. Elles traversent, hésitent, décident de s'asseoir et de boire un Orangina dans des fauteuils confortables.

Caresse chaude et coups d'œil alentour. Des pêcheurs bavardent. Un homme lit le journal. Que cherche ce chien abandonné qui se couche à leurs pieds ?

Puis elles se dirigent vers le musée. Julie achète les tickets ; une gardienne leur tend une brochure écrite en anglais ; elles pouffent de rire d'avoir été prises pour des touristes étrangères.

Au rez-de-chaussée, des meubles provençaux, très exceptionnels dit l'affichette : maie, panetière, bonnetière, semainier... Dans les vitrines, des faïences : sur un pichet, un Chinois fume une longue pipe... Des hérons dorés se tiennent sur une patte, au centre d'un plat ovale...

Au premier étage, des vêtements régionaux, anciens.

– Sad, quel jupon portait Eugénie ?

– Julie, ne recommence pas !

– Regarde les camisoles brodées, les jupes matelassées, les châles, les chapeaux, les bonnets... Je voudrais m'habiller de cette chemise en dentelle et de cette longue jupe à fleurs. Et toi ?

– Pauvre fille, tu serais déguisée !

Saïda s'éloigne et visite la salle des tarots de Marseille. Au collège, certains élèves se réunissent pour jouer aux cartes. Elle ne participe jamais à ces rencontres.

Julie la rejoint.

– Viens, allons voir les santons.

– Jul, certains sont en terre, les plus petits en mie de pain. Je ne comprends rien à la crèche.

– A Noël, on construit l'étable où Jésus est né, entre un âne et un bœuf. Après je ne sais plus.

– Es-tu catholique ?

– Non. Ma mère est née dans un pays protestant, le Danemark, et mon père, ici, en Provence.

– Moi, je suis française et marocaine.

– Tu n'es pas musulmane ?

– Mon père jeûne durant le Ramadan. Il attend la nuit pour manger. A cette époque, il ne parle plus à personne car ses travaux dans les champs et l'absence de nourriture l'épuisent. Ma mère, qui est venue pour la première fois en France à quinze ans, juste après son mariage, ne veut imposer aucune religion à ses enfants.

– Ta mère s'est mariée à quinze ans ? Tu te rends compte, dans deux ans et demi, nous pourrions nous marier !

– Moi, je ne me marierai jamais. Je serai médecin et soignerai les enfants ou les femmes, je ne sais pas encore.

– Je serai styliste, journaliste ou pilote d'avion.

– Si je ne peux pas être médecin, à cause des maths, je serai écrivain public comme mon grand-père.

– Sur la place du marché d'Aix, il y a une petite boutique ; au-dessus de la vitrine, il y a inscrit en lettres énormes : « ECRIVAIN PUBLIC ». Un jour, j'ai vu un homme qui sortait, une lettre à la main. Ce sera ta boutique, Saïda. Qu'est-ce qu'il écrit, ton père ?

– Le français, mais très mal. Il avait dix-neuf ans lorsqu'il est venu rejoindre son frère aîné qui travaillait près d'Avignon. A vingt-trois ans, il a été marié avec ma mère. Ils se sont installés tous les deux à Forcalquier où il avait trouvé un nouvel emploi.

– C'est comment le Maroc ? Tu n'as pas envie d'y aller ? Si nous y partions ensemble ?

– Non. J'irai avec ma mère. Souvent elle dit : « Mes sœurs, la maison, l'oasis, je ne peux pas oublier. Un jour, j'y retournerai avec toi, mon aînée, tu connaîtras la famille... »

– Comment elle a réussi à s'habituer ici ?

– Je ne sais pas. Au début, elle a souffert. Chaque jour, elle pleurait en pensant à sa famille. Mais aujourd'hui elle aime la Provence et son bon été. L'hiver, les Alpes enneigées ressemblent à l'Atlas. Ma mère est heureuse parce que les enfants et elle, ici, sont bien soignés.

– Ta mère, c'est comme Joanna, elle n'a pas de religion.

– Elle a arrêté de faire ses prières parce qu'à l'hôpital elle n'y arrivait plus. D'abord elle a fait les cinq prières en une seule puis elle a décidé de continuer sa foi, à sa manière. Elle a regardé autour d'elle, a réfléchi et a osé poser des questions. C'est là que maman a décidé qu'en France, pour la religion, ce sont ses enfants qui décideraient eux-mêmes...

Leurs visages se reflètent dans une fenêtre et leur renvoient deux portraits, l'un clair, l'autre sombre. Le contraste est saisissant et Julie s'écrie en riant :

– Noir et Blanc, voilà nos noms clandestins.

– Comment fais-tu pour rigoler de tout ?

– Ecoute, à Marseille, nous devons être deux détectives et rechercher Eugénie.

– Tu m'avais promis !

– S'il te plaît, ce n'est pas marcher dans un cimetière. Je te propose de te promener et d'imaginer la vie d'une Marseillaise. Peut-être on verra son nom inscrit quelque part...

– Je ne suis pas d'accord.

– Tu connais le jeu de l'oie ? On va de case en case... Case départ, nous déjeunons sur le Vieux Port. Case suivante, nous allons sur les quais où se promenait Eugénie...

– OK ! Regarde cette église rayée de pierres noires, elle ressemble à un dessin de Farid.

– C'est la cathédrale. Je suis sûre qu'Eugénie allait y prier.

– Et si elle n'était pas catholique ?

– Rappelle-toi ! Dans une lettre, elle parle des églises respectées... A son époque les femmes devaient aller chaque jour à la messe.

Les deux détectives avancent dans une rue inhabitée, vers des entrepôts et des docks. Au loin, un paquebot... Julie s'exclame :

– Le Port. Le Port qu'elle nous décrit.

– Sur le panneau cela s'appelle : « La Joliette ».

– Allons-y.

– Tu as promis à ta mère de ne pas quitter les grandes rues !

Saïda force Julie à s'éloigner de ce lieu désert. Elles montent de grands escaliers. Perdues, elles demandent leur chemin à une jeune fille sympathique qui les oriente vers une place ombragée.

Soudain Julie saute à pieds joints :

– Case habitation. Je suis certaine que cette maison est celle d'Eugénie...

– Pourquoi ?

– Comme ça !

C'est un petit immeuble étroit, blanc, avec des balcons fleuris. L'eau fraîche coule d'une fontaine...

– Case repos : Julie, faisons une halte sur un banc.

– Ici, Eugénie rencontrait ses voisines, elles se racontaient les nouvelles du Vieux Port... Mais où est la case marché ?

Noir et Blanc sillonnent la ville. Aucun étalage de poissons, de fruits ou de légumes. Point de marché. L'après-midi, toutes les boutiques d'alimentation semblent fermées. Les détectives entrent dans une grande librairie et feuillettent un album illustré de cartes postales anciennes, des photographies de Marseille, autrefois...

Sur le cours Belsunce, Noir entraîne Blanc dans une boutique de tissus. Etoffes chatoyantes, djellabas brodées, foulards brillants, voiles argentés, Noir et Blanc touchent, tâtent et admirent. Puis elles sortent, longent des étalages de sacs et de sacoches, de mallettes et de musettes, de couffins, de cartables, de cantines, de valises et de malles de toutes tailles, de toutes couleurs... Succèdent des vitrines vantant les voyages à destination de l'Afrique du Nord... Enfin, un marché de vêtements et de chaussures. Saïda rêve d'acheter à sa mère des sandales dorées. Ainsi elle pourrait la surnommer « Ma petite mère aux pieds d'or... » Sur ce boulevard, des hommes déambulent, des femmes bavardent, d'autres promènent leurs enfants. Un très jeune couple semble perdu dans la ville. Tous sont marocains, algériens ou tunisiens.

Bientôt cinq heures. Saïda et Julie cessent leur jeu et prennent le chemin du retour.

Dans une rue étroite, des Musulmans sont agenouillés, front contre terre. Julie questionne :

– Qu'est-ce qu'ils font là, couchés sur le trottoir ?

– C'est l'heure de la prière. A Marseille, il ne doit pas y avoir de mosquée.

– Pour quelle raison ?

– Parce qu'ils ne sont pas vraiment d'ici.

– Il faudrait en construire une.

– Bien sûr. Mon père raconte qu'au Maroc il y a le muezzin. C'est un homme pieux qui va par les rues du village puis il monte en haut du minaret pour appeler à la prière et tous les habitants se dirigent vers la mosquée...

– Quand il pleut, comment font ces hommes ?

– Je ne sais pas. Ils prient dans leur maison, dans leur chambre. Mais toujours tournés en direction de La Mecque, la ville sainte.

– Tu en sais des choses !

– C'est grâce à mon père...

Elles regardent le plan afin de rejoindre la gare Saint-Charles. Julie insiste pour couper par la rue du Petit-Saint-Jean. Odeur nauséabonde ; de grosses femmes sont assises devant les portes ; deux Africaines en boubous fleuris attendent et rient ; des jeunes filles court-vêtues flânent.

– Tu exagères. Tu as promis à ta mère.

– Je veux voir cette ruelle.

– Nous sommes en retard, Julie.

– Je suis certaine qu'Eugénie rendait visite à une amie qui habitait le vieil immeuble, face à nous.

– Non. Elle allait se faire soigner dans ce dispensaire.

– Idiote, ça n'existait pas à l'époque !

– Alors elle montait la rue pour aller comme nous vers la gare.

– Tu as gagné, superdétective...

Saïda et Julie marchent à grands pas et grimpent les escaliers.

Fatiguées, elles s'installent dans le car ; Julie s'endort.

Elles roulent vers l'aéroport. Saïda admire les bouquets de pins vert sombre qui se détachent sur la roche blanche. Au loin, les montagnes s'effacent dans la brume. Cela lui rappelle une histoire que son père lui racontait lorsqu'elle était petite. Sa mère était alors à l'hôpital. Il s'asseyait devant la porte et, de son accent rocailleux, par saccades, disait le désert marocain, les gouls, ces esprits qui enlèvent les humains... Elle frissonnait et se cachait contre lui. Dans sa douce chaleur, elle s'endormait...Le lendemain matin, elle se réveillait et demandait la suite du conte. Son père, pressé d'aller au travail, refusait. Il l'aidait à s'habiller, puis il la déposait devant la porte de leur voisin. Elle le regardait courir dans la descente qui mène vers la sortie de la ville. Parfois, encore endormie, elle attendait dans le froid. La plupart du temps monsieur Colombier, mal coiffé, sans lunettes, ouvrait les volets :

« J'accours, j'accours immédiatement, Saïda. »

Il lui faisait boire un bol de lait chaud. Puis leurs jeux commençaient. En l'absence de sa mère, il la gardait chez lui très souvent, ne l'accompagnant à l'école maternelle que lors des concours de belote. Elle aimait ces moments uniques durant lesquels ils passaient la journée entière à jouer aux mots cachés-découverts-écrits-lus-vendus-achetés...

Lorsque monsieur Colombier déménagea, elle pleura et surprit une larme qui coulait sur la joue du vieil homme.

Il continua de leur écrire. Deux ans plus tard, son fils envoya une lettre. Monsieur Colombier avait été renversé par une automobile, il était mort à l'hôpital, quelques jours plus tard. Ses parents et elle eurent du chagrin. Elle avait alors trois frères et sa petite sœur Leïla venait de naître.

Saïda se souvient encore de ses six ans comme d'un temps merveilleux, un temps unique.

Au collège, elle a étudié les mythes grecs. Elle s'est alors représenté le poète Homère, hirsute, avec des yeux bleus, des petites lunettes métalliques, souvent mal rasé et sur le crâne des cheveux châtains peu abondants. C'était monsieur Colombier.

Elle parla de lui à Julie qui ne voulut rien entendre.

« Petite, on pense que tout est extraordinaire. En grandissant cela change. Regarde le lycée ! »

Saïda était déçue ; son ami n'intéressait pas Julie. Seule sa mère s'en souvenait et disait souvent : « C'était un brave, un très brave homme, il nous aidait, ma fille, il s'occupait de toi. Pourquoi il est parti ? Pauvre de lui. Fais attention aux voitures, j'ai peur pour les enfants... »

« Ne t'inquiète pas maman. Dans la vieille ville les rues sont si étroites que les autos roulent au pas des piétons... »

Le car s'arrête. Saïda réveille Julie.

– Nous sommes arrivées.

– Je rêvais que j'étais sur un bateau. C'était sensationnel.

Elles pénètrent dans l'aéroport international.

– Regarde, un départ en direction d'Alger.

Des femmes en djellabas lilas ou bleu nuit. Leurs cheveux sont couverts de voiles brodés. Elles portent de volumineux cabas. Des enfants aux grands yeux noirs tournent autour des chariots chargés de télévisions et de pneus d'auto, de mixeurs et de réfrigérateurs, de jouets et de tapis roulés. Une femme tatouée berce un bébé aux yeux bleus.

– Tout doit manquer en Afrique du Nord !

– Je les aime ces gens, Julie. J'ai l'impression de les connaître... C'est l'Afrique, c'est un peu mon pays.

– L'Afrique n'est pas vraiment ton pays !

– Le Maroc, c'est l'Afrique du Nord ! Et l'Afrique du Nord fait partie de l'Afrique ! N'oublie plus, vieux pépin.

Julie se dirige vers l'avion de Pointe-à-Pitre. Voyageurs noirs, rieurs, aimables... Elle se renseigne et apprend que les passagers venant de Paris débarquent dans un autre hall.

– Ma mère arrive à l'aéroport national, là-bas... Allons-y.

– Non. Restons encore. Nous avons un quart d'heure.

– Je t'abandonne. Je veux attendre maman.

– Je te suis.

Toutes deux courent le long d'un immense tapis roulant. Un avion atterrit. A travers la grande baie, elles observent. L'engin stoppe progressivement sa vitesse puis avance doucement sur la piste, face à elles. Un homme minuscule guide l'énorme avion qui s'immobilise ; devant et derrière le train d'atterrissage, le mécanicien pose deux cales de bois. La passerelle se colle sur l'une des portes.

Les voyageurs se pressent. Des hommes tenant tous une mallette à la main. Enfin une grande robe rouge, un rire blond. Julie se précipite dans les bras de sa mère. Sans raison, Saïda se sent triste.

A côté de Joanna, à l'avant de l'automobile, Julie raconte la journée, sans laisser filtrer un mot au sujet d'Eugénie. Saïda entend leur bavardage joyeux. Mère et fille se ressemblent. Sur la banquette arrière, elle se recroqueville, exclue, jalouse.

Arrivée à Forcalquier, Joanna la dépose devant

chez elle. Son père dort ; sa mère l'attend. Elle lui a préparé un dîner comme elle aime : olives noires, tomates, fromage et petit pain à l'anis.

Saïda raconte tout ce qu'elle a vu à Marseille. La mère, très heureuse de son retour, pousse des ha...ha...ha..., des hou...hou...hou... qui amusent sa fille. Saïda se promet de lui faire visiter la ville et va se coucher, ayant retrouvé sa belle humeur.

Saïda quitte rapidement le collège pour aider sa mère à préparer le couscous, la pastilla et les cornes de gazelle en l'honneur de l'oncle d'Avignon qui vient dimanche, avec son fils Malek.

Saïda a obtenu que les oranges confites soient remplacées par de la glace achetée au supermarché. Souvent, elle accompagne Joanna lors de ses achats, observe les prix, note tout ce qui s'entasse dans le chariot, puis recommande à sa mère les articles pratiques et bon marché. La mère de Julie a l'art de confectionner un repas en dix minutes. La sienne passe plusieurs heures par jour à faire la cuisine. Aussi lui apprend-elle certaines recettes rapides.

Il y a une année, poussés par une voisine, les

parents de Saïda ont acheté d'occasion une machine à laver le linge. Pour sa mère, finie la fatigue de la lessive. Terminé le lavoir où elle passait des heures épuisantes. Depuis que sa santé s'améliore, elle fait le ménage chez un brocanteur, deux fois par semaine. Saïda s'occupe des comptes et ce salaire est mis de côté. Elle a proposé que cet argent serve pour l'achat d'un lave-vaisselle tant elle déteste cette tâche. Ses parents ont refusé. Alors, un projet s'est imposé : mère et fille iraient au Maroc ; la tante d'Avignon garderait les petits durant leur absence. Le père resterait car, il y a juste deux ans, il a été voir sa famille. Mais il est nécessaire d'économiser. Parfois un enfant tombe malade et des dépenses imprévues surgissent. Ce voyage se situe dans un avenir lointain.

Quatre familles d'Afrique du Nord habitent Forcalquier. Leurs enfants sont tous plus jeunes que Saïda sauf Kateb qui, comme tous les autres garçons, l'exaspère.

Ce soir, elle s'ennuie, elle s'ennuie de Julie.

Mieux que Leïla, mieux que Jemila, Julie est sa blonde sœur.

Si Julie partait, avec qui pourrait-elle parler ?

Avec qui pourrait-elle inventer des histoires incroyables ?

Si elle quittait la ville qu'est-ce que Saïda deviendrait ? Elle serait malheureuse, elle tombe-rait malade, elle mourrait...

Et si Julie ne voulait plus être son amie... Elle serait seule, seule, seule...

Ce soir, elle s'ennuie de Julie.

Dans son placard, elle rabâche.

« Pourquoi n'écrirais-je pas ? Mais à qui ?

A un inconnu ? Impossible !

A qui pourrais-je donc écrire ?

Et si je reprenais la correspondance avec Eugénie ? Je suis sûre que je ferais plaisir à Julie ! »

Malgré son appréhension, Saïda commence une lettre.

Chère Eugénie,

Sous les noms clandestins de Noir – c'est moi l'Africaine – et de Blanc – c'est Julie la blonde Danoise – nous avons parcouru Marseille avec tes yeux. Enfin j'exagère peut-être mais nous avons admiré les bateaux, les quais, les places, la mer dont tu nous as parlé.

Dans un square, nous avons inspecté les cactus, les palmiers, les agaves. Hélas, je ne connais pas le nom des autres plantes. Sur le plan, nous avons situé les quartiers de Saint-Antoine, Saint-Jean, Septèmes, Noailles, la rue de la Jamaïque, la rue Longue-des-Capucins, la rue des Convalescents ; nous avons parcouru le cours Puget, le cours Belsunce... Tu as dû tous les connaître...

Nous t'avons imaginée petite fille en jupon à dentelles et tablier noir, jouant à la marelle, à la corde ou à la toupie.

C'était une journée étincelante de soleil et d'aventures.

Maintenant j'ai sommeil et je te dis
au revoir
Saïda.

Elle s'endort. Un cauchemar la réveille.

Un homme en cagoule veut la forcer à avouer qu'elle a volé les livrets des meilleurs élèves, dans le coffre-fort du collège. Puis il l'accuse de les avoir brûlés. L'homme ajoute que les élèves veulent la tuer. Elle doit avouer son forfait. Il n'y a personne pour venir à son secours. Elle nie, crie et se réveille.

Sa mère est à ses côtés ; sa voix est une suite de mots doux, de modulations, de murmures chantés en arabe. Saïda se réfugie dans ses bras, écoute la berceuse de son enfance mais les images du rêve ne veulent pas la quitter...

Au collège, Julie raconte aux garçons leur promenade marseillaise.

Saïda ajoute :

– Avec ma mère nous irons bientôt au Maroc. Voyage à travers le désert, vers l'oasis où elle est née, ensuite dans la montagne de mon père...

– Second départ, toutes les deux nous irons au Danemark, enchaîne Julie.

Les garçons s'étonnent de tant de projets.

Après l'école, lorsque, enfin seules, elles remontent vers leurs maisons, Julie intervient :

– Dommage, nous n'avons pas été voir Eugénie.

– Impossible. Et demain, toute la journée, je suis occupée. Point de désert, point d'oasis, point de cimetière. Pourtant voilà ce que j'ai écrit.

Saïda lui tend la lettre.

– C'est super.

– Tu la portes ?

– Bien volontiers. Bon courage, Sad.

– Salut, Jul.

Dans l'après-midi on frappe ; une série de petits coups secs. C'est le signe de Julie. Saïda court ouvrir.

– As-tu un moment pour parler ?

– Pas vraiment.

– Viens, il y a du nouveau.

– J'arrive.

– J'ai l'impression que je sais qui est Eugénie.

Julie a aiguisé sa curiosité. Toutes deux marchent vers la Citadelle.

– Dis vite.

– La vieille Eulalie !

– Celle qui arrose toujours ses fleurs ?

– Dans le cimetière, elle s'est approchée de moi et a dit :

« Alors petite, je te vois souvent qui traîne ici, tu t'y plais donc ? »

– Pourquoi Eulalie répondrait en signant Eugénie ?

– Eulalie et Eugénie c'est presque pareil, Sad.

– Oui, et alors ?

– Elle est un peu toquée. Sa tombe est un vrai jardin ; on pourrait penser qu'elle habite là.

– Elle s'ennuie peut-être. Comme moi, parfois.

– Rien à voir avec toi. Elle veut sans doute se distraire.

– Il faut se renseigner et savoir si elle a vécu à Marseille.

– Excellente idée. Sad, tu penses à tout !

– Tu lui rends visite. Mieux, tu la rencontres au cimetière et tu l'interroges.

– Epatant. Je pars sur la piste d'Eulalie. Affaire à suivre...

– A bientôt Julie...

Durant tout le déjeuner du dimanche, Saïda est en colère. En colère contre son père qui a donné deux cents francs à Malek et rien à elle. Elle sait qu'à la maison ce n'est pas la richesse ; pourtant sa mère lui glisse, de temps à autre, un billet de vingt francs. Mais que, à son cousin, on fasse cadeau d'argent, elle trouve cela injuste. Malek insulte tout le monde, se vante d'avoir volé un vélo et, à quatorze ans, redouble sa cinquième. Elle est en colère car elle doit faire la vaisselle tandis que ce boutonneux se promène.

Certes, à la fin du repas, l'oncle d'Avignon félicite son frère.

– Ta fille t'obéit. Ta fille a de bons résultats à l'école. Tu n'as pas, comme moi, des ennuis avec l'aîné. Sans arrêt appelé chez le directeur. Trop souvent, je dois réparer ses bêtises. Après une journée fatigante à ramasser les poubelles du vieil Avignon, je suis encore obligé de m'occuper de mon fils. Tu te rends compte !

– J'ai de la chance, mon aînée est une bonne fille.

– Tu la marieras bien.

Saïda claque la porte, court chez Julie et lui raconte tout.

– Je suis en colère car je ne veux pas me marier. Jamais.

– Ne t'inquiète pas. J'ai une bonne nouvelle !

– Laquelle ?

– Cet été, mon père organise un camp d'artistes dans les Cévennes. Il y aura un atelier de dessin pour les jeunes. Je lui ai demandé de nous emmener toutes les deux. Il est d'accord.

– Merci.

Saïda ne peut retenir ses larmes ; elles coulent comme si elles ne lui appartenaient pas. Son chagrin l'emporte. Julie la console.

– Sad, quand tu seras grande tu feras ce que tu voudras. Tu sais Eugénie-Eulalie, je n'ai pas pu lui parler.

Tout en leur préparant des glaces et des gâteaux, Joanna ajoute :

– J'envie tes superbes cheveux, Saïda. Si les miens étaient bouclés comme les tiens, je n'irais jamais chez le coiffeur. Es-tu heureuse d'aller dans les Cévennes ?

– Oh oui ! Avec Julie je suis toujours bien.

– Je suis certaine que vous passerez de bonnes vacances. Malheureusement, je ne pourrai pas vous rejoindre. Je dois travailler, à Paris, tout le mois de juillet !

– Merci, je pense que mes parents seront d'accord.

Julie enchaîne :

– Viens pour une partie de ping-pong, Sad.

– Non, je dois terminer la vaisselle.

– Alors tu dors à la maison ce soir. A quelle heure je peux aller te chercher ?

– Vers huit heures. Dis que nous devons travailler pour l'école.

– Je sais comment il faut faire. Même avec ton père, je réussis toujours.

– Tu ne m'oublies pas ?

– A huit heures précises, je suis chez toi.

Après une longue promenade dans Forcalquier, Julie et Saïda sortent les matelas et dorment sur la terrasse. Il fait frais ; sous la couette elles se blottissent. Elles scrutent le ciel piqueté d'étoiles ; veulent les compter mais s'arrêtent vite. Au-dessus de leurs têtes, il y a un tissu moucheté de points d'argent. Elles repèrent l'étoile du Berger et cherchent la Grande Ourse. Plusieurs étoiles filantes les surprennent. Chaque fois, elles font un vœu :

– Julie, tu seras toujours mon amie...

– Saïda, nous ferons le tour du monde...

– Je t'invite à traverser le désert...

– Je voudrais être chef d'orchestre...

– Je t'offre un génie qui te protégera toujours.

– Je l'appellerai mon éclair blanc, il aura des ailes et volera au-dessus de moi...

– Je ne suis plus triste. Avec toi, j'ai tout oublié, Malek, mon oncle et les autres....

Au réveil, les parents de Julie, un peintre de passage, une vieille amie de Joanna déjeunent, parlent et plaisantent. Mais Saïda doit quitter son amie et la belle maison animée.

Chez elle, Leïla a mal à la gorge, Jemila pleure, Farid crie. Débordée, sa mère essaie de s'occuper de tous les enfants et de préparer le déjeuner. Saïda l'aide immédiatement.

Un dessin pour l'une, une histoire pour l'autre, une claque pour le troisième et le calme revient. Alors, Saïda part faire les commissions. Son panier sous le bras, elle s'aventure jusqu'au cimetière. Il pleut. Une odeur de terre humide et de feuilles qui pourrissent l'entoure ; les arbres semblent se voûter pour enfermer la passante qu'elle est.

Sur la tombe, une enveloppe se gondole sous les gouttes d'eau. Papier tacheté, mots effacés, lettres devenues larmes. Elle l'ouvre.

Un puzzle. Elle essaie de retrouver le sens. Vagues d'encre bleue, pluie, pleurs, poussières de mots... Des phrases trouées entre réel et irréel... Des images perdues comme dans un poème...

Chère

Je re ercie   un chien dans l'ar re   aus
J'ai soin
uand j'é ais   perte   poèle
noir   je
e ho   es port ient   l eau.   C'ét it des   mains
d'herbe   e u   que et de vent
avançaient   av ient
partie péta ue.   feui es v lett es
d' hiver   très mal de
prenais   tilleul et ti on ch b   fa lli mou ir
Ma   a   pluie d'argent   ciel rouge
et ch ssera le frisson de la p ssière
e la nuit   org   silence e
e uis   jusqu'a la prière   et
parti ai   de la lumière
ciel oir   sous l'or ge des yeux
Chère   te cha te do
u ne e b eu r ge ;   u   le refrain   égaré

Eu én   bour l

Soudain, derrière la haie, Saïda croit voir quelqu'un se dissimuler. Elle frissonne, de froid ou d'effroi, elle ne sait. Dans l'autre allée du cimetière, Eulalie sort des outils d'un panier, se rapproche et la menace de sa pelle. Saïda court chez l'épicier où elle oublie le sucre et le sac de tomates. Dans la cuisine les petits crient. Saïda crie plus fort qu'eux.

Puis elle va chez Julie et lance, en colère :

– Regarde cette lettre. Elle est illisible.

– Calme-toi, Sad.

– J'en ai assez.

– Tu es ridicule, c'est tout de même pas de ma faute s'il a plu ! En attendant, moi j'ai du nouveau à propos d'Eugénie. Eulalie n'a rien à voir avec elle.

– Julie, cette vieille folle criait, m'insultait, agitant sa pelle au bout du bras. Comme une sorcière...

– Ecoute, je suis allée chez elle. Eulalie était toute retournée par mes questions. Elle m'a juré que, dans toute sa vie, elle n'avait été que deux fois à Marseille ! Tu te rends compte ?

– Alors, qui nous répond ?

– Ça se complique !

– Moi, j'abandonne.

– Tu sais, Eulalie voulait savoir absolument pourquoi je l'interrogeais.

– Elle m'effraie.

– Sad, laisse-moi deviner les petites phrases d'Eugénie.

– Cette lettre est la dernière. Je n'écris plus !

– Nous ne faisons de mal à personne.

– Je suis effrayée, Julie.

– Moi, je veux savoir qui nous écrit !

– Je te répète que j'ai sérieusement peur !

– Tout te fait peur, Sad. Si ça tourne mal, on arrête. D'accord ?

– Non ! C'est terminé, tu entends ! Moi, je ne veux plus !

Saïda tape du pied et quitte Julie. Celle-ci reste la lettre à la main, sans avoir eu le temps de lui répondre.

D'un côté, Saïda craint qu'on l'accuse ou qu'on se moque d'elle, pire, qu'un scandale éclate. D'un autre côté, comme Julie, elle a envie de savoir qui leur répond. Mais, à certains moments, elle se sent fautive, appréhende une catastrophe et s'en veut d'être à l'origine de cette correspondance. Elle pense à nouveau à cette silhouette aperçue derrière la haie. L'espionnerait-on ?

La dernière fois, lorsqu'elle traversa le cimetière, ces croix dressées et tous ces

« *Gaston Maréchal, 1870-1927,*

Madeleine Lerond, ma très chère épouse »,

ou

« *A ma mère, à mon père, Fanny leur fille bien aimée, 1917* »

l'ont glacée.

Elle a cru que les pierres pouvaient se lever, avancer, l'encercler, l'étouffer, l'écraser... Elle n'ira plus dans cette prison. Georges leur avait parlé d'un superbe jardin. Avant d'écrire à Eugénie, ce lieu n'avait pas d'existence pour elle. Saïda le voyait comme un square, un appel à la promenade, une visite à des personnages imaginaires, une balade parmi d'irréelles inscriptions.

Aujourd'hui, l'angoisse l'envahit rien que d'y penser. Elle aimerait parler de ses craintes à Julie ; qu'elle la comprenne, la contredise, la réconforte...

Elle voudrait que son amie sache que certains habitants de Forcalquier ne l'acceptent pas, ni elle, ni les siens, ni ceux venus d'Afrique du

Nord. S'appelant Julie Beaumage, elle a toutes les audaces ; Saïda Toumi ne peut faire de même.

Sur le chemin du collège, Julie la rattrape. Saïda ne réussit pas à lui parler comme elle le souhaiterait. Julie insiste afin de lui lire la lettre qu'elle a rédigée :

Chère Eugénie Cibourel,

Votre dernière lettre a été abîmée par la pluie. Quel dommage !

Il nous faudrait une vraie boîte aux lettres pour poursuivre notre correspondance.

Maintenant pourriez-vous nous dire qui vous êtes ?

Comment réussissez-vous à glisser les enveloppes sous la photo ?

Nous aimerions vous connaître.

Nous garderons pour nous le secret. A bientôt de lire une nouvelle lettre ou peut-être de vous rencontrer.

Amitié
Julie

– Tu es folle !

– Il faut parler franc, comme dit papa.

– Julie, je te l'ai déjà dit, je ne veux plus continuer. J'ai l'impression qu'on nous espionne...

– Tu ne vas pas lâcher si près du but.

– Pour moi, c'est fini !

– Je voudrais bien te faire plaisir mais je veux aussi connaître la vérité.

– Ecoute, toi tu ne risques rien. Moi, mes parents sont marocains, ce n'est pas pareil !

– Je ne vois pas ce que ça change ?

– Tiens, on est toujours prêt à dire du mal de nous. Et, quand je suis allée au cimetière, j'ai vu la haie bouger !

– C'était le vent !

– Non. Je suis certaine qu'il y avait quelqu'un.

– Il faut aller voir.

– Décidément, tu ne comprends rien. Il vaut mieux se séparer !

– Ce n'est pas grave, Sad. Viens dîner à la maison.

– Non, merci.

Pendant le cours, Saïda ne réussit pas à fixer son attention. Elle dresse une liste d'éventuels correspondants. Il pourrait y avoir : *Madame Troche, Croche* ou *Broche,* elle ne sait plus, mais cette vieille femme insulte les petits lorsqu'elle les croise... Ne serait-ce pas le gardien du cimetière, lui-même, qui répond ou encore un jeune farfelu de la bande de Manosque ?

Très fâchée, Saïda quitte le cours la première. Ainsi son amie comprendra qu'elle ne doit plus jamais lui parler d'Eugénie...

Elle s'enferme à la maison. Sa mère étant fatiguée, elle l'oblige à se reposer et s'occupe de sa petite sœur. Lorsque Jemila dort, elle essaie d'apprendre une leçon. Echec, les images du cimetière se faufilent à la place des mots anglais.

« Je voudrais pouvoir tout effacer, que rien, jamais, n'ait existé...

A Julie, je pourrais écrire ; je lui expliquerais toutes mes peurs et lui donnerais les raisons pour lesquelles il m'est impossible de continuer... Si elle s'entête, j'irai jusqu'à l'intimider par des menaces... »

Saïda déchire une page d'un cahier et met son projet à exécution.

Chère Julie,

Cela fait tout drôle de t'écrire. Mais tu dois comprendre.

Je sais, j'ai eu tort. Mais je prends la décision de terminer.

Si tu poursuis cette affaire, je ne serai plus ton amie.

Il m'est impossible de supporter encore le va-et-vient de lettres.

J'étais près de la tombe d'Eugénie lorsqu'il y a eu un mouvement dans la haie. Comme si une personne se cachait derrière. J'ai été effrayée.

Eulalie alors m'a menacée.

J'avais l'impression que j'allais être prisonnière, dans ce cimetière. Mon cœur cognait, mes jambes étaient de coton. Je n'avais plus de force.

Peut-être nous espionne-t-on ?

Comprends-moi et cesse toute correspondance et toute visite au cimetière.

Arrête, ou tu ne seras plus jamais ma meilleure amie.

Sad

Saïda va acheter une enveloppe sur laquelle elle écrit :

« *Pour Julie Beaumage* »

Elle glisse la lettre dans la fente destinée à cet usage ; l'entend tomber sur le sol parce que, chez Julie, il n'y a pas de boîte intérieure. Dans sa tête, résonne la voix joyeuse de son amie : « Tiens, une lettre pour moi. »

Saïda rentre chez elle, en courant le long de la rue de la Fontaine-à-l'Ane. A la maison, les jeux de Leïla et la voix douce de sa mère la réconfortent. Mohamed revient de l'école, fier d'annoncer qu'il a eu dix sur dix à son devoir. Saïda le complimente. A la maison, elle se sent protégée.

Au dîner, père bavarde. Il dit sa joie de voir les œillets fleurir abondamment cette année ; il semble s'identifier à ses champs de fleurs.

Durant toute la soirée, Saïda attend la visite de Julie. En vain.

« Elle habite si près, elle pourrait venir. Pourquoi ne me répond-elle pas ? Je l'intéresse moins qu'Eugénie ! »

Contrariée, elle se couche, avec l'espoir de ne pas rêver.

Saïda se réveille et à nouveau se sent coupable. Elle part en direction du collège. Mais, sur la place, bifurque et grimpe par la route qui mène vers la montagne. Elle fugue.

En contrebas, les cyprès autour du cimetière ont l'air de longs pinceaux lunatiques. Le berger et son troupeau avancent vers le plateau. Les chiens aboient derrière les moutons égarés. Saïda monte le long d'un sentier pierreux.

Dans un petit bois elle se repose ; l'odeur des pins la surprend.

« Cela sent aussi bon que lorsque maman confectionne des gâteaux. L'air de l'oasis est-il sucré comme ce carré d'arbres ? Si je cachais mon cartable sous des branches et reprenais ma route... Qu'est-ce que je suis encore en train de faire ? Pour combien de temps suis-je partie ? Quelle catastrophe vais-je provoquer ?

J'aurais pu passer chez Jérôme, emprunter le vélo de sa sœur et rouler sur la route bordée de platanes. L'été dernier, Julie et moi, nous nous promenions à l'ombre des grands arbres ; le sol était parsemé de trouées de soleil comme de géantes taches de rousseur. C'était beau ! Sur le macadam, longtemps, j'aurais pédalé... Epuisée, je me serais endormie dans un champ...

J'aurais pu prendre le car pour Manosque. J'aurais erré dans la ville. Devant l'église, j'aurais mendié pour aller encore plus loin... Je me serais perdue, loin de ma famille...Loin de Julie... Loin de Forcalquier... »

Le sentier serpente entre de gros rochers blancs. Des chênes nains s'accrochent au sommet. Arrivée à la maison bleue, unique habitation sur ce mont venté, Saïda s'arrête. Volets et portes de l'ancienne ferme sont fermés. Elle s'assoit sur le banc de pierre, regarde le paysage et réfléchit : « J'embrouille tout ; je complique tout ; j'aggrave tout. »

Soudain, une chatte noire, seule présence en ce lieu, vient se frotter contre sa jambe ; Saïda la caresse ; longtemps elle ronronne, puis s'éloigne. Saïda la suit ; dans un recoin, elle aperçoit une portée de chatons.

Alors l'idée lui vient, banale, énorme :

« Je vais tout expliquer à maman. »

Le plus vite possible, elle redescend vers la ville. Saisit son sac au passage et se précipite chez elle.

– Qu'y a-t-il ma fille, tu es toute rouge ?

– Maman j'ai écrit à une morte.

– Et alors ?

– Elle m'a répondu.

– C'est qu'elle avait besoin de toi.

– Ce n'est pas grave ?

– Tu es une brave enfant.

– Une morte peut écrire ?

– Je ne sais pas. Les morts sont toujours présents. Il suffisait de lui parler.

– Je lui ai parlé une fois à voix haute, je m'en souviens.

– Tu as fait le bien, ma fille.

– C'est vrai, maman ?

– Tu es une bonne petite.

– Ce matin je n'ai pas été au collège.

– A cause de la morte ?

– Oui.

– Alors ça, c'est mal ! Tu dois aller à l'école. Tu entends, Saïda ?

– Oui maman, j'irai demain, je te le promets.

A midi, Julie frappe ; Saïda lui ouvre.

– Viens, viens, c'est fini, Sad. Je sais tout.

Toutes deux sortent.

– Il y a une heure, je suis allée sur la tombe d'Eugénie. La lettre avait disparu. Alors, je me suis cachée derrière la haie pour surveiller les allées et venues. Dix minutes passent et j'aperçois un homme. Il marche en boitant, approche, à la main il tient une enveloppe. Je le reconnais.

– Qui c'est ?

– Léon, le berger.

– Léon le berger ?

– Oui. Je ne bouge pas. Il regarde sans cesse autour de lui et dépose sa lettre sous la photo puis s'éloigne. J'attends. Je ne suis pas fière, Sad. Un long temps passe. J'écoute les bruits autour de moi. Les grillons grésillent comme des machines. Au loin, un chien aboie. Enfin je sors de ma cachette, je saisis l'enveloppe et rentre vite à la maison. Saïda, nous savons qui nous répondait. Nous avons eu le dernier mot.

– Tu ne m'en veux pas, Julie ?

– Non. Je suis contente, nous connaissons enfin l'auteur des lettres.

– Léon le berger. Je n'aurais jamais pensé à lui.

– Je vais en parler à papa.

– Julie, tu as promis !

– OK. J'ai sa dernière lettre dans ma poche. Tu dois la lire.

– Non. Déchire-la si tu veux rester mon amie.

– Veux-tu que je te la résume ?

– Surtout pas. Léon, Léon, Léon ! Ce bougon qui passe derrière le cimetière avec son troupeau et ses deux chiens ! Léon ! Je n'y comprends rien.

– Toutes les lettres ont été écrites par Léon.

– Eugénie n'est autre que Léon ! Déchire cette feuille.

– Saïda, c'est la dernière fois, lis, je t'en prie ; c'est une histoire super. De Léon, tu n'as rien à craindre. Il paraissait avoir aussi peur que nous.

– Est-ce qu'il répond à ta question ? Est-ce qu'il veut nous rencontrer ?

– Il fait celui qui n'a pas lu ma lettre. C'est fini, Sad. Lis...

– Bon, d'accord. Donne :

Chère Saïda, Chère Julie,

Pour toi et ton amie je raconterai Marseille, ma ville, pendant la guerre.

Mon garçon était né en 1942, nous habitions

alors, lui et moi, deux pièces dont les fenêtres donnaient sur le Vieux Port. La voisine me gardait le petit pendant que je vendais les poissons, face à la Canebière. Les ménagères me connaissaient car je les servais copieusement.

L'après-midi, je reprenais mon enfant et le promenais le long des quais. Il aimait regarder les bateaux, je connaissais tous les pêcheurs, nous plaisantions.

Mais un matin d'hiver, le 24 janvier 1943, des cris me réveillaient. A ma porte on tambourinait, une femme hurlait. Je me précipitais à la fenêtre. Des policiers arrêtaient tous les habitants du quartier. Deux soldats entrèrent et me donnèrent cinq minutes pour faire mes bagages. Le Vieux Port allait sauter... « Nous le nettoyons » ajouta un homme qui avait un fort accent allemand.

Je mettais dans une valise tous les vêtements chauds du fiston et dans mon sac les économies. Un fichu sur mon manteau, je me retrouvais dans une file, avec les voisins. L'un poussait une carriole, l'autre un landau. Mon garçon pleurait et je le consolais.

Nous avons été envoyés dans un camp. Sur ordre d'Hitler, tout le quartier a été rasé.

Aujourd'hui il est reconstruit. C'est neuf, laid et cela n'a pas d'âme.

Au bout de vingt jours je quittais le camp et me réfugiais chez mon ancien patron puis chez une tante. Enfin je trouvais une chambre à la Belle de Mai.

Après la guerre, je vendais du poisson pour les restaurants et je gagnais bien. J'ai mis mon fils en pension mais, à seize ans, il a préféré s'occuper d'élevage en Camargue.

Je n'aurais jamais quitté Marseille si mon cabanon n'avait été exproprié et démoli parce qu'on agrandissait la route. C'est alors que je suis venue habiter Forcalquier.

J'espère ne pas vous avoir ennuyées avec mes histoires de l'ancien temps.

Eugénie Cibourel

Tout se mélange dans la tête de Saïda. Léon, Eugénie, Marseille pendant la guerre, le voyage au Vieux Port...

– Julie, je t'abandonne. Je dois rentrer.

– A bientôt, Sad. Viens me voir dès que tu le pourras.

Un mot, comme une musique obsédante, guide les pas de Saïda : Léon, Léon, Léon, Léon ! Sacré vieux Léon.

Léon, Léon, Léon, Léon !

Fin des classes. Saïda et Julie sont admises en quatrième.

Elles passent un excellent mois dans une vaste propriété d'un village des Cévennes. Les peintres, hommes et femmes, sont sympathiques et originaux. Il y a là un Japonais qui peint la mer, les vagues et des ports alors qu'actuellement il réside dans une vallée encaissée et verdoyante. Il y a un Allemand qui déchire des photos ; il les mêle à ses toiles, tout en chantant des airs d'opéra. Il y a encore un Américain au visage angélique, à la toison de cheveux frisés, couverte de peinture ; il pose régulièrement ses pinceaux et parcourt la campagne, en courant. Il y a une jeune Polonaise qui, chaque matin, apprend à Julie, Saïda et Max, un garçon de leur âge, le dessin, la composition d'un tableau ou la sculpture sur bois.

Un jour, Saïda a tenté d'écrire des mots sur les traits d'un croquis. Yanka, leur professeur, l'a encouragée. Georges l'a complimentée et l'a incitée à inventer des écritures imaginaires qu'elle pourrait mêler aux dessins. Tout le mois, avec sérieux et acharnement, Saïda a inventé, perfectionné les enchevêtrements. Maintenant ses peintures se composent de traits aériens, de signes colorés, de suites de lettres indistinctes...

Tous, petits et grands, ont exposé dans une église désaffectée.

Des peintures tachetées, piquetées de déchirures photographiques. Des précipités d'eau et d'écume, des cascades rafraîchissantes, des îles entourées de plantes marines. Ou des jaillissements de couleurs, arc-en-ciel éclatant, montagne bigarrée, tornade bariolée, soulèvement démesuré, le tout semblant illustrer la création du monde. C'est le travail du père de Julie.

Dans une autre salle, au centre d'un bosquet vert et violet, une immense femme surgit. Lorsque la lumière vibre sur cette mosaïque de peinture, elle semble s'animer. Saïda aime l'œuvre de Yanka.

Dans une petite pièce, Julie, Max et elle exposent. Deux dessins sous verre, pour chacun. Julie s'est spécialisée dans les portraits. Celui du peintre allemand est drôle ; son père est méconnaissable. Saïda a refusé qu'elle expose le sien. Max peint des maisons à l'infini, évoquant des villes miniatures. Sur les dessins de Saïda, les traits et les lettres s'accrochent, s'embrouillent, se confondent.

Dans la salle où sont accrochés leurs dessins, les visiteurs passent sans s'arrêter. Un jour pourtant, l'un d'eux s'attarde devant les tableaux de Saïda. Julie s'enthousiasme :

– Tu vas voir, il va les acheter !

– Ne te moque pas ! Je les trouve laids.

– Si tu veux faire plaisir à papa, donne-lui le bleu.

– Bien volontiers. L'autre, je l'offrirai à ma mère.

Pour Saïda, ce fut un mois exceptionnel.

En août, Julie et son père rejoignent Joanna à Paris et tous trois partent pour Copenhague.

Saïda reste seule. A Forcalquier, sans Julie, l'été est long.

Elle s'occupe de ses petits frères et de ses petites sœurs ; elle n'aime pas les promener dans la ville parce qu'elle a l'impression de ressembler à une mère cane avec sa couvée de canetons... Cependant, comme son père travaille chaque jour, samedi et dimanche compris, c'est, souvent, accompagnée de la tribu qu'elle va lui porter sa gamelle. Parfois, Saïda cède et organise un pique-nique au bord du torrent. Là, les petits se baignent dans des trous d'eau peu profonds ; ils s'arrosent, se poursuivent, s'éclaboussent et jouent sur les rochers.

Elle les conduit aussi à la bibliothèque, les laisse choisir les livres qu'elle leur lit le soir, pour la plus grande joie de leur mère qui aime se joindre à eux.

Parfois, Saïda réussit à être joyeuse et à profiter de l'été, mais souvent elle s'ennuie. Elle s'ennuie de Julie.

Quelle joie de la retrouver à la rentrée ! Tous leurs professeurs sont nouveaux à l'exception de mademoiselle Violette.

Dès les premiers jours, Julie fait une proposition originale.

– Pourquoi ne pas s'inscrire au club sportif du collège pour un trimestre ?

– Je n'aime pas faire de la gymnastique !

– Tu choisis le sport où tu es la plus forte.

– Je prends le lancer du poids.

– Au saut en hauteur, je suis première et c'est ce que je préfère.

– Mais Julie qu'est-ce que nous ferons ?

– Des compétitions et nous voyagerons à travers la Provence. Nous découvrirons d'autres villes.

– Ce sera bien ?

– Super, et nous ferons le concours interdépartemental.

– Après la peinture, le sport !

Qui est dit, est fait...

Julie et Saïda sont sélectionnées et parcourent les routes en car. Jérôme réussit à les suivre ; pour Julie il ferait n'importe quoi !

Elles visitent Sisteron, Manosque, Cadenet, Apt, Pertuis... Elles vont jusqu'à Gap.

Sur les stades elles attendent, bavardent, agissent.

Elles rencontrent de nouveaux amis et s'entraînent, chacune dans son groupe. Saïda gagne une médaille au lancer du poids. Elle est félicitée et sa mère se réjouit, croyant à une récompense scolaire. Julie est seconde au saut en hauteur.

Avec les mois d'hiver, les activités sportives cessent...

Saïda étudie et n'écrit plus de lettres. Lorsque, par hasard, elle pense à celui qu'elle appelait « Prince », elle a l'impression qu'il appartient à sa petite enfance, comme monsieur Colombier.

Elle ne se sauve plus quand elle croise Léon. Chez le boulanger, elle a osé lui dire bonjour. Il lui a répondu par un petit signe de la main et a disparu en boitillant.

Souvent, elle pense à lui. Elle s'interroge sur les raisons qui l'ont poussé à écrire sous le nom d'Eugénie. Voulant en savoir plus, elle a décidé qu'il fallait questionner les commerçants et quelques voisins à son sujet. Elle en a aussitôt parlé à Julie qui s'est enthousiasmée pour cette enquête et l'a menée hardiment, aidée de Jérôme.

Bien vite, Julie est venue lui proclamer les résultats.

– Ecoute bien : la boulangère a traité Léon de sauvage ; la bouchère de végétarien ; le cordonnier a dit : « Il ne connaît que ses moutons et ses chiens... » A son nom, ma voisine a haussé les épaules : « Un fou, un fou comme il y en a partout et de plus en plus... » Heureusement, l'épicière m'a confié que c'était un pauvre homme qui aurait été gravement blessé quand il était jeune...

Plus tard, les deux amies ont rencontré le brocanteur chez qui travaille la mère de Saïda. Il leur a longuement parlé : « Léon est un miraculé. Un taureau lui a cassé les jambes, fêlé le bassin et fracturé la mâchoire. Un an, il est resté à l'hôpital d'Arles, et il a tant souffert. Il a eu un beau courage ! J'allais le voir régulièrement. C'est moi qui les ai fait venir ici, Léon et sa mère. Lorsqu'elle est morte, c'est sur mes conseils qu'il a vendu sa petite maison et acheté la bergerie sur le plateau. Léon, c'est un brave ! »

Le soir suivant, Saïda demande au père de Julie :

– Je voudrais mieux connaître ce berger qui fait paître ses moutons autour du cimetière.

– C'est Léon, Léon le solitaire...

– Est-ce un pauvre homme ?

– Je ne crois pas. C'est un vieux célibataire qui vit en ermite. C'est un amoureux de la nature... Mais, pourquoi ne vas-tu pas l'interroger ?

– Oui, j'irai lui rendre visite.

Saïda entraîne alors Julie vers sa chambre.

– J'ai un secret.

– Tu m'étonnes ! Lequel ?

– Devine comment s'appelle Léon ?

– Léon se nomme Léon !

– Tu ne t'es jamais posé de questions sur les liens qui auraient pu exister entre Léon et Eugénie ?

– Non.

– Ecoute : cet après-midi, j'ai franchi la porte de verre de la mairie et j'ai menti à l'employée :

« Pour le lycée, nous faisons une enquête. Pourriez-vous me dire le nom du berger dont le prénom est Léon ? »

La jeune femme ne semblait pas le connaître. Mais un fonctionnaire plus âgé a répondu :

« C'est Léon, Léon Cibourel. »

– Léon Cibourel, tu as compris Julie ?

– Léon Cibourel, je n'en reviens pas !

– Léon est le fils d'Eugénie, tout simplement !

– C'est clair.

– Si clair que j'ai envie de lui écrire un petit mot.

– Chiche, Sad.

– Chiche, Jul.

Cher Léon,

Merci de toutes les belles lettres sur Eugénie et Marseille, sa ville. Vous nous avez bien raconté la vie de votre mère.

Vous nous avez appris à aimer Marseille. Grâce à vous, nous y avons fait une belle promenade.

Merci.

Mais ne nous répondez plus.

La correspondance avec Eugénie est terminée. Le cimetière aussi.

Nous ne sommes pas fâchées, Léon, mais nous avons trop de travail au collège. Et nous avons grandi.

Merci et au revoir.

Saïda et Julie

Les deux amies marchent à travers le plateau pierreux. Au loin, le soleil brille sur les sommets enneigés. Elles arrivent à la bergerie. Les moutons bêlent. Léon et ses chiens sont absents. Devant la cabane, entre des pierres, un feu s'éteint. Quelques braises et des cendres échevelées. Elles semblent émaillées de signes inconnus et Saïda a soudain envie de les peindre.

A la main, elle tient la lettre destinée à Léon. Elle se baisse. La pointe de l'enveloppe se consume lentement. Puis, une flamme naît, tournoie, grandit, se démultiplie... Saïda ouvre les doigts.

– Ainsi s'en vont Eugénie, Léon et les échanges épistolaires. Je viens d'apprendre ce mot.

– Sad, pourquoi as-tu brûlé la lettre ?

– Pour marquer la fin d'une époque.

– Mais, c'est toi qui as voulu l'écrire.

– Je n'ai pas envie de la laisser.

– Léon aurait peut-être été content.

– Il n'avait qu'à être là.

– C'était une manière de lui dire adieu.

– Je n'ai plus envie de penser à cette histoire.

Saïda et Julie quittent la bergerie.

Au loin des chiens aboient. Léon marche dans leur direction. Elles s'arrêtent. Léon se tient réservé, à quelques mètres. Les deux amies se dirigent vers lui.

– Bonjour Léon. Julie et moi, nous voulions vous dire que vos lettres étaient belles.

Léon les regarde et leur fait un signe de la main.

Sur son visage, un sourire s'inscrit comme une grimace. Une épaisse cicatrice traverse sa joue.

– Grâce à vous, nous avons vu Marseille différemment.

– Heuh... a... lors...

Léon a des difficultés pour parler. Elles ne le comprennent pas. De la main, il cache sa bouche. Sans aucun doute, depuis son accident, il ne peut articuler correctement.

Saïda caresse l'un des chiens ; l'autre s'est couché aux pieds de son maître.

Devant cet homme au visage abîmé, devant ce berger au regard généreux, devant Léon qui ne peut plus communiquer par la parole, elles restent sans savoir que faire. Saïda pense au temps de leur correspondance. Aujourd'hui, elle est sereine. Elle propose :

– Si cela vous fait plaisir, nous vous écrirons encore, de temps à autre... Tu es d'accord, Julie ?

– Bien entendu, Sad.

De sa poche, Léon sort un carnet et un stylo. Il écrit puis déchire la page et leur tend :

« *Merci, je vous répondrai.* »

L'encre est bleue, les lettres régulières, appliquées. Elles reconnaissent la belle écriture d'Eugénie. Julie fait un clin d'œil à son amie et déclare :

– Oui Léon, nous vous écrirons, nous vous raconterons notre vie au collège.

Saïda enchaîne :

– Mais le cimetière c'est fini ; nous n'irons plus jamais là-bas. C'est d'accord ?

Léon hoche la tête pour acquiescer tandis que Julie reprend :

– Nous déposerons nos lettres à la bergerie.

– Et vous ferez de même ; nous passerons chercher la réponse.

Léon écrit :

« *Les lettres, c'est moi qui les écrivais. J'aimais vous répondre.* »

Saïda enchaîne :

– Nous, nous avons aimé vous lire. Mais, Eugénie Cibourel, c'est terminé ! Vous signerez de votre nom !

– Vous nous raconterez l'histoire des moutons, des chiens, l'hiver dans la montagne, votre vie actuelle, tout ça... Vous voulez bien, Léon ?

Il écrit :

« *C'est promis.* »

Un long silence s'étire sur le plateau désert.

Julie le rompt :

– Léon, nous vous disons au revoir et à bientôt.

– Au revoir Léon, ajoute Saïda.

Il leur adresse un signe d'adieu qu'il accompagne d'un sifflement bizarre et s'éloigne en compagnie de ses chiens.

Saïda et Julie le suivent du regard avant de prendre le chemin du retour.

– Sad, tu as bien fait de lui proposer de lui écrire une lettre, de temps en temps...

– Il me fait de la peine.

– Grâce à toi, nous avons fait sa connaissance.

– Qu'est-ce que j'ai eu peur !

– Allons, c'est fini, Sad.

– Tu sais bien de quoi j'avais peur... J'avais peur de ce que penseraient les gens de Forcalquier ; de ce qu'ils diraient s'ils me voyaient, moi Saïda, devant la tombe d'Eugénie Cibourel...

– Qu'est-ce que tu vas chercher ! On ne gênait personne après tout !

Saïda reste silencieuse. Puis tout à coup, prenant Julie par le bras, elle s'exclame :

– Crois-tu que je pourrai devenir médecin ?

– Bien sûr. Tu as de bonnes notes en maths cette année.

– Sinon je serai écrivain public comme mon grand-père.

– A condition que tu ne brûles pas toutes les lettres !

– Non, Jul. Nous pourrions raconter nos vacances à Léon ?

– Oui, pourquoi nous n'irions pas à Paris, avec Jérôme ?

– Avant je veux connaître le Maroc... Tu vois l'étroit chemin au centre du désert, les dunes de sables ? Eh bien, là-bas, c'est...

– Là-bas, c'est Forcalquier !

– Là-bas... C'est l'oasis... L'oasis de ma mère...

Achevé d'imprimer sur les presses
de l'Imprimerie du Corrézien
19460 Naves
Dépôt légal : 2e trimestre 1992